AF562808

L'ÉCOLE DE DROIT

DE PARIS,

AU 2 JUILLET 1819.

L'ÉCOLE DE DROIT
DE PARIS,

AU 2 JUILLET 1819.

PAR PLUSIEURS ÉLÈVES DE CETTE ÉCOLE.

DEUXIÈME ÉDITION,

REVUE ET CORRIGÉE.

Au profit de la Souscription pour les Élèves détenus.

A PARIS,
CHEZ CORRÉARD, LIBRAIRE, PALAIS-ROYAL,
GALERIE DE BOIS.

Juillet 1819.

AVIS DE L'ÉDITEUR.

QUELQUES erreurs s'étant glissées dans la première édition de cette brochure, nous nous sommes empressés de les faire disparaître de cette seconde édition, n'aspirant à rien tant qu'à être exacts et impartiaux.

Les rectifications faites à cette seconde édition la rendent entièrement conforme à la vérité.

Signé J. CARIOL, président de la commission des élèves de l'École de Droit.

Pour copie conforme : L'ÉDITEUR.

L'ÉCOLE DE DROIT
DE PARIS,

Au 2 Juillet 1819.

Trois des plus brillantes facultés de France ont été le théâtre de dissensions dont l'opinion publique a fait peser plus ou moins le blâme sur les élèves.

A Rennes, plusieurs ont été privés de leur état, et ont ainsi perdu totalement le fruit de leurs veilles et de leurs travaux.

A Montpellier, mille à douze cents élèves ont interrompu leurs études; et il est probable qu'un grand nombre d'entre eux, ne pouvant pas, à l'exemple de leurs camarades, venir les continuer à Paris, seront obligés d'abandonner la carrière à laquelle ils se destinaient.

Comment se termineront les débats qui ont affligé, ces jours derniers, l'École de droit de Paris? C'est ce que nous ne pouvons encore préjuger; mais nous croyons qu'il n'est pas sans utilité, et pour les élèves et pour leurs juges, même pour la France entière, de faire connaître avec impartialité ce qui s'est passé, afin de rétablir la vérité des faits altérés dans la plupart des journaux, et d'appeler l'attention publique sur l'emploi des mesures, sinon arbitraires, du moins intempestives, qui ont été prises dans ces circonstances.

M. Bavoux, suppléant de M. Pigeau, avait terminé l'explication du Code de procédure. Avant de passer au Code d'instruction criminelle et au Code pénal, qu'il devait également expliquer, il voulut signaler les nombreux abus de cette législation à ses jeunes auditeurs.

Dans ses deux premières séances, le plus grand calme ne fut interrompu que par d'unanimes applaudissemens.

Au commencement de la troisième, un ou deux sifflets, couverts par les applaudissemens, se firent entendre. M. Bavoux, après avoir obtenu silence, dit : Messieurs, je ne suis point un acteur; que ceux qui écoutent mes leçons avec intérêt s'abstiennent d'applaudir, et que ceux qui les improuvent se taisent ou se retirent. Cette leçon se termina sans trouble.

Le 29, toute la salle était pleine; et le petit nombre de ceux qui étaient d'une opinion différente, s'était retiré dans un des coins de la salle.

L'arrivée de M. Bavoux fut annoncée par de

nombreux applaudissemens et quelques sifflets. Il parla pendant trois quarts d'heure, sans aucune interruption; mais à peine commençait-il la récapitulation de sa leçon, que quelques sifflets se firent entendre, malgré la vive opposition de son auditoire. On cria: « A bas, à la porte les » siffleurs! » Au milieu de la confusion, un élève s'écrie: « Messieurs, ne souffrons pas qu'on in» sulte notre professeur! » Trois jeunes gens, placés devant la chaire, et qui s'étaient montrés les plus acharnés antagonistes de la majorité de l'assemblée, répondirent à ce cri par celui de « A bas l'orateur! » On les poussa hors la salle.

L'huissier de la salle était sorti, le calme était rétabli, et M. Bavoux se disposait à continuer sa leçon lorsque M. Delvincourt, doyen de la Faculté, en redingotte et sans chapeau, parut dans la salle. Il était extrêmement agité. Le bruit recommença plus vivement: il s'avance, se place à côté du professeur, cherche long-temps à faire faire silence; enfin il put parler, et dit: « Mes» sieurs, j'ai écrit à la commission de l'instruc» tion publique, pour l'instruire de la manière » dont on faisait ce cours. Mais, puisque le dés» ordre est porté à son comble, en ma qualité » de doyen, chargé de la police de l'école, je le » suspends jusqu'à ce que la commission m'ait » fait connaître sa volonté. »

Les applaudissemens du petit nombre des élèves qui sifflaient peu auparavant, furent couverts par les signes non équivoques de la désapprobation du reste de l'assemblée. L'agitation était extrême. L'assemblée devient tumultueuse. Plusieurs voies de fait se commirent de part et d'autre. Un des siffleurs fut abattu sous les bancs : un jeune homme arrive; et, ne sachant pourquoi on se portait à ces extrémités, il veut défendre l'opprimé; mais il reçut un soufflet d'un jeune exalté qui aurait dû louer l'action généreuse de la victime de sa brutalité. On s'aperçut qu'une discussion vive s'était élevée entre M. Delvincourt et M. Bavoux. Mais le bruit était trop grand pour qu'on entendît les reproches qu'ils semblaient s'adresser. Seulement on vit à leur geste que, de part et d'autre, ces reproches étaient virulens. Cependant, M. Bavoux éleva fortement la voix, et protesta contre cet acte arbitraire. Cette protestation fut généralement approuvée; et le professeur, après quelques nouvelles altercations avec le doyen, se retira. Ce dernier resta pendant près de dix minutes exposé à toute l'agitation de l'assemblée, du sein de laquelle sortait par intervalle ce cri : *Le discours des gardes d'honneur* (1). Un grand nombre d'élèves l'en-

(1) Il paraît qu'en 1813, M. le doyen approuva la formation de la garde d'honneur, et en parla plusieurs fois

tourèrent, en l'assurant qu'ils le défendraient contre tous, s'il était attaqué. Mais il se retira, en leur disant : « Messieurs, je n'ai pas peur. » Toutefois, je vous remercie. »

Immédiatement après, et lorsque les élèves n'étaient point encore tous dispersés, l'assemblée des professeurs fut convoquée. MM. Pardessus, Boulage, Cotelle et Morand s'y trouvèrent seuls. Les deux premiers approuvèrent, mais les deux derniers refusèrent d'approuver la conduite du doyen.

Le lendemain, M. Delvincourt se rendit à l'heure ordinaire dans la salle des cours : quelques sifflets l'accueillirent; mais la majorité fit taire les censeurs. Il s'assit, fit l'appel, et allait commencer ses explications accoutumées, lorsqu'un ou deux sifflets se firent encore entendre. Alors, prenant la parole avec assurance et fermeté. Il dit : « Messieurs, vous pouvez m'empê» cher de faire mon cours, mais jamais de faire » mon devoir. D'ailleurs, je rends justice à l'É» cole de droit. Je sais que le bruit qui a eu lieu » vient plutôt des étrangers que des étudians. » Toute l'assemblée, si l'on en excepte quelques

avec éloge en public. Nous avons vainement parcouru le Moniteur, pour trouver des preuves de cette assertion ; mais elle nous a été garantie par un grand nombre d'élèves, et même de professeurs.

récalcitrans, l'applaudit unanimement. En effet, les élèves avaient remarqué la veille quelques étrangers parmi eux, et en avaient hautement témoigné leur mécontentement.

La leçon commença. Un grand nombre d'élèves sortit de la salle. On s'assembla à la porte de l'École : on lut les gazettes, et l'on témoigna son indignation contre les calomnies dont la plupart des journalistes, toujours pressés de parler sans savoir ce qu'ils disent, avaient rempli leurs feuilles. A neuf heures arriva M. Bavoux. On l'entoura avec empressement, et on le conduisit, avec applaudissemens, au secrétariat, et de là à la salle des examens, où il entra après avoir salué les élèves.

Le 1er. juillet, dès onze heures du matin, des hommes, inconnus jusqu'alors à l'École de droit, rôdaient aux environs. Un arrêté de la commission de l'instruction publique était affiché aux portes; il était ainsi conçu :

Séance du 1er. juillet 1819.

« La commission, instruite du désordre qui a eu lieu au cours de procédure le 29 juin dernier, et qui n'a pu cesser que par la suspension provisoire du cours par le doyen de la faculté, arrête ce qui suit :

» Art. 1er. La conduite du doyen est approuvée

» 2. Le sieur Bavoux, suppléant de la faculté de droit, chargé du cours de procédures civile et criminelle, est suspendu de ses fonctions.

» 3. La faculté recherchera et constatera les causes et les circonstances du désordre. Elle en rendra compte à la commission.

» Pour copie conforme,

» Le secrétaire général,

» PETITOT. »

A midi les élèves commencèrent à se réunir, et les placards de la commission furent lacérés. On proposa d'adresser à la chambre des députés une pétition tendant à redemander le professeur suspendu par la commission. La proposition fut accueillie avec enthousiasme, et mise de suite à exécution chez un libraire voisin de l'École.

Les élèves arrivaient de tous côtés, et la cour était remplie. On demandait à grands cris M. Bavoux et M. Delvincourt, et la foule se répandait tumultueusement dans les corridors, où il se donna quelques coups de canne.

Plusieurs personnes vêtues de noir se mêlèrent aux élèves, et cherchèrent à calmer leur agitation. Elles parurent suspectes aux étudians, qui leur demandèrent avec colère de quel droit elles se chargeaient de la police intérieure de l'école, et les chassèrent en criant : *à la porte les étrangers*. Alors elles ouvrirent leur habit et se firent reconnaître pour commissaires de police : mais la mutinerie s'en était mêlée; on les injuria, on les chassa, on employa même contre eux de mauvais traitemens, toujours condamnables quand ils sont dirigés contre des hommes qui cherchent à rétablir le bon ordre, et à plus forte raison contre des magistrats de paix. Un seul d'entre eux fut respecté : c'était le commissaire du quartier, dont la modération digne de louanges faisait voir qu'il était à sa place.

Quatre soldats du poste de Montaigu, amenés par les commissaires expulsés, vinrent s'emparer d'un élève. Tous ses compagnons le réclamèrent à grands cris, et se précipitèrent au devant des soldats qui chargèrent leurs armes et croisèrent la baïonnette. Quelques pierres jetées par les élèves blessèrent un soldat, et ces actes de violence réciproque allaient peut-être entraîner les plus grands malheurs, lorsque ce même commissaire de police du quartier fit rendre le prisonnier et calma un peu l'agitation.

Tandis que ces choses se passaient dans l'enceinte de l'école, quelques élèves s'étaient groupés à la porte de M. Delvincourt pour l'engager à venir interposer son autorité, afin que la force armée ne retînt pas plus long-temps leur condisciple. Mais M. Boulage s'opposa constamment à ce qu'on entrât chez lui, et déclara qu'on passerait sur son corps avant d'arriver au doyen.

La pétition rédigée fut apportée, et la multitude entoura le rédacteur qui la lisait au milieu des applaudissemens, lorsqu'on annonça que la gendarmerie arrivait et cernait de toutes parts l'École de droit.

Cet acte de violence était trop attentatoire à la liberté pour qu'il n'exaspérât pas les élèves.

Ceux qui jusque-là avaient pris le moins de part à cette querelle, manifestèrent leur indignation. Ceux qui étaient dehors rentrèrent en foule dans la cour, et l'on ferma les portes de l'école, bien résolu à s'exposer à tout, plutôt que de souffrir qu'on violât cet asile. Quelques élèves n'arrivant pas assez tôt restèrent en dehors, et furent saisis par la gendarmerie, malgré leurs justes réclamations.

Dans la salle du cours, on agitait la question de savoir si la pétition serait adressée à la chambre des députés ou à la commission, et beaucoup d'orateurs demandèrent la parole; tout à coup on entendit parler de drapeau blanc. Un jeune homme proposait de le détacher pour le porter à la tête des élèves. Mais, au milieu du tumulte général, on n'entendit point sa proposition, et on l'interpréta tout différemment. Alors, la confusion se met dans la salle : on entoure le drapeau, on proteste contre tout acte tendant à donner des couleurs séditieuses à la conduite des élèves. On se précipite à la tribune : on parle tous à la fois, et le plus grand désordre règne dans l'assemblée.

Au milieu de cette agitation, un jeune garde du corps, en habit bourgeois, se fait jour jusqu'au pied du drapeau, et déclare qu'il le protégera jusqu'à la mort. Mais on lui fit remarquer qu'il injuriait les sentimens de l'École de droit; que les étudians sauraient défendre leur drapeau, et qu'ils n'avaient besoin que personne se chargeât de ce soin. Ces paroles contentèrent tout le monde.

Peu à peu le calme se rétablit, et l'on signait avec empressement la pétition. Quelques jeunes gens, s'apercevant que la gendarmerie était rangée sur deux lignes, à quinze pas de l'école, crurent qu'elle n'emploîrait point la violence, et ouvrirent les portes. Le colonel se présenta même dans la salle, avec deux commissaires de police, promit qu'on ne toucherait point aux élèves, et les engagea à se retirer; mais on lui représenta qu'on n'était point en insurrection, qu'on ne voulait que signer une pétition, et que cette affaire-là ne regardait point la gendarmerie.

Sur ces entrefaites, arrivent MM. Jacquinot de Pampelune, procureur du roi, et Anglès, préfet de police; à leur suite entre, dans la cour, e piquet de cavalerie, le sabre à la main. Tous les élèves, indignés, se refugient dans la salle, et ferment les portes et les croisées avec un tel fracas que les vitres sautent de toutes parts.

M. Jacquinot de Pampelune se présente à la porte, au nom de la loi et du roi. On ouvre, et il entre suivi de M. Anglès, qu'on pousse avec lui à la chaire du professeur. Là, après avoir obtenu, avec beaucoup de peine, un peu de silence, il invite les jeunes gens à se retirer. « Rendez-nous » notre professeur! » s'écrie-t-on de toutes parts. « On vous rendra justice, répond le magistrat, mais » c'est à la commission et non à moi à prononcer. » — « Un de nos camarades a été arrêté! » s'écrie quelqu'un. M. le procureur du roi assure qu'il n'y a personne d'arrêté pour le moment. Ces derniers mots excitent le tumulte, et le magistrat répond qu'avant d'avoir examiné, il ne peut savoir si ce qui s'est passé est innocent ou coupable; il ajoute que, si on a arrêté un étudiant, il sera interrogé de suite. On applaudit à cette garantie de la célérité de la justice, et on demande de toutes parts que la force armée se retire. M. le procureur du roi annonce qu'il est l'organe de la loi, et que c'est aux jeunes gens destinés un jour à l'appliquer, à donner les premiers l'exemple de l'obéissance que tous les citoyens doivent à l'autorité. Il ajouta que les jeunes gens n'avaient rien à craindre de la gendarmerie, et il offrit de se mettre à leur tête avec M. le préfet de police, et de les accompagner au-delà des rues occupées. M. le préfet de police veut ajouter quelques mots ; mais les applaudissemens l'empêchent de parler, et la foule passa les piquets de gendarmerie disposés sur deux rangs dans l'intérieur de la cour et devant l'école, ayant à sa tête ces deux magistrats, et s'écoula bientôt après en silence. Pendant les cinq heures que dura cette scène, M. Pardessus fit tous ses efforts pour rétablir le bon ordre ; il fut constamment au milieu des élèves au plus fort de l'agitation, et mit tout en œuvre pour calmer les esprits agités.

La police n'était pas restée dans l'inaction : elle avait remarqué quelques jeunes gens ; ils furent arrêtés dans des rues détournées, et conduits en prison. Cette nouvelle s'était répandue et avait sonné l'alarme parmi les élèves. Le soir, un grand nombre se réunit aux portes de la prison de Montaigu, pour réclamer la mise en liberté de leurs camarades. On ne répondit à leur plainte qu'en renforçant le poste, et les prisonniers furent interrogés une partie de la nuit.

L'École de droit était changée en un bivouac, et gardée comme une place forte. Le lendemain un nouvel arrêté de la commission fut placardé, et l'on plaça des gendarmes auprès pour s'assurer du respect des élèves. Il était ainsi conçu :

Séance du 1er. juillet.

« La commission de l'instruction publique, sur le compte qui lui a été rendu du tumulte, des voies de fait, et des actes de violence qui ont troublé aujourd'hui l'École de droit, et rendu l'intervention des magistrats nécessaire, arrête ce qui suit :

» 1°. L'École de droit de Paris est provisoirement fermée ;

» 2°. Il ne sera point accordé d'inscription pour le trimestre de juillet ; celles qui auraient été reçues aujourd'hui sont annulées ;

» 3°. Les examens et actes publics sont suspendus jusqu'à ce qu'il en ait été autrement ordonné.

» Pour copie conforme,

» Pour le secrétaire général,

» GUÉNEAU DE MUSSY. »

Les élèves arrivèrent insensiblement, et prirent connaissance de ce nouvel arrêté. Quelques groupes se formèrent ; les gendarmes les heurtèrent brutalement, et les dispersèrent. On se rendit au Luxembourg. On prit les journaux, et on les lut publiquement : la plupart excitèrent encore l'indignation de cette jeunesse déjà trop exaspérée par les mesures violentes qu'on prenait à son égard. Le *Drapeau Blanc* de Martainville, surtout, les irrita davantage : on proposa de l'attaquer en calomnie. En effet, il n'est pas possible de calomnier des jeunes gens avec plus d'impudence (1).

L'autorité paraissait s'alarmer de tout. On connut ces rassemblemens; et, comme s'ils eussent été dangereux, on fit sortir les élèves du Luxembourg ; mais ils se donnèrent rendez-vous sur la place de l'Observatoire. Quelques heures après, plus de six cents jeunes gens y étaient rassemblés, quoiqu'elle fût déjà occupée par un piquet de gendarmerie.

On propose deux pétitions : l'une pour obtenir la mise en liberté des prisonniers, l'autre pour demander que M. Bavoux soit rendu à ses élèves, et les cours de la faculté ouverts à tous les étudians. La gendarmerie voulut dissiper les rassemblemens : on exposa au colonel que, d'après le Code pénal, on pouvait se réunir en groupes de vingt personnes, et on le fit aussitôt; mais les gendarmes ne voulurent pas moins les disperser. On allait sortir des barrières pour se soustraire à leur puissance; mais le colonel fit

---

(1) Quatre élèves furent envoyés vers Me. Dupin, pour lui demander si on pouvait poursuivre les journalistes ; mais son avis fut qu'on ne devait répondre à de telles calomnies que par le plus profond mépris.

cesser les poursuites, et promit qu'on n'inquiéterait plus les élèves.

On signait la pétition lorsqu'on vit arriver MM. Boulage et Blondeau, professeurs de la faculté. Ils essayèrent de calmer les esprits, et parlèrent de tout ce qui était arrivé avec sagesse et modération. Ils serrèrent les mains aux élèves, les engagèrent à désapprouver la conduite de leurs camarades de seconde année; mais ceux-ci répondirent qu'aucun d'eux n'était coupable, et qu'ils ne voulaient point d'exceptions.

MM. les professeurs promirent même, au nom de la Faculté dont ils étaient députés, qu'elle se réunirait aux élèves pour demander que les cours fussent ouverts (1).

Voilà la réponse de la commission de l'instruction publique.

Séance du 5 juillet 1819.

La commission de l'instruction publique, vu la délibération de la Faculté de Droit, du 2 de ce mois, par laquelle la Faculté demande que la commission déclare, 1°. que les dispositions de son arrêté du 1er. de ce mois ne sont point applicables aux étudians de première, troisième et quatrième année; 2°. que ceux de deuxième année, qui s'étaient fait inscrire avant le 1er. juillet, à l'effet d'avoir jour pour leur examen, seront admis à le soutenir avant d'avoir pris de nouvelles inscriptions;

La commission, persistant dans son arrêté, décide

Ces paroles de paix firent ce que les gendarmes ne font jamais : on continua de signer la pétition, parce qu'il s'agissait d'obtenir la liberté de quelques camarades qui souffraient pour tous, sans être plus coupables que les autres ; mais les attroupemens n'eurent plus les caractères inquiétans qu'on leur supposait, et le reste de la journée ne fut plus troublé par de fausses alarmes.

Maintenant, que nous avons rendu compte de ce qui s'est passé à l'École de droit, avec autant d'impartialité que si nous eussions été totalement étrangers au corps des étudians, nous soumettons avec confiance au jugement de l'opinion publique les réflexions qu'ont fait naître naturellement en nous ces faits dont nous avons été en grande partie les témoins.

Tous les élèves que nous avons interrogés, s'accordent à dire que les deux séances les plus

---

qu'il n'y a pas lieu, quant à présent, à lever la suspension des examens et actes publics ; et qu'au surplus, la levée de la suspension, lorsqu'il conviendra de la prononcer, ne pourra profiter qu'aux élèves qui, antérieurement au 1er. juillet, auraient obtenu le nombre d'inscriptions prescrites pour les examens et divers grades par le décret du 27 septembre 1814.

Signé Royer-Collard et Petitot.

orageuses sont celles où le professeur fut le plus sage aux yeux de tous les partis. Comment se fait-il donc que ce furent celles où il y eut plus de désordre? Pourquoi des jeunes gens, qui n'avaient pas entendu ce qu'ils blâmaient, sifflaient-ils avec tant d'acharnement ce qui n'était pas blâmable? Pourquoi dans les premières séances ne se trouva-t-il pas d'improbateurs? et dans les dernières, où les oreilles les moins accoutumées au langage de la liberté pouvaient à peine blâmer quelques expressions, se trouva-t-il des chefs de parti, des factieux? Si ceux-là qui accusent le professeur d'exagération et d'imprudence, avaient été prudens et modérés, auraient-ils, contre toutes les convenances, interrompu ou fait interrompre les applaudissemens de la grande majorité par des sifflets si opiniâtres et si hors de saison? D'autres diront qui sont les plus coupables. Il ne nous appartient pas d'être tout à la fois juges et parties.

Des voix courageuses se sont élevées déjà plusieurs fois, même au sein de la chambre des députés, contre notre Code pénal, ce Code créé au sein du despotisme, et si parfaitement en harmonie avec lui. L'idée de signaler dans un cours public les abus de notre législation criminelle, n'était encore venue à aucun professeur : elle était digne d'un homme appelé à expliquer à des élèves ces mêmes lois, qu'ils seront sans doute un jour choisis pour rectifier. Cette tâche était courageusement remplie. Toutefois, nous avouerons qu'on peut faire quelques reproches au professeur d'avoir laissé échapper, au milieu de son enthousiasme contre l'abus du pouvoir, quelques expressions violentes dont il devait prévoir que l'esprit de parti profiterait pour semer le trouble et la confusion dans son auditoire. Quel homme, dans des leçons en partie improvisées, et sur une pareille matière, peut mesurer toutes ses paroles? Mais ces reproches suffisent-ils pour justifier la conduite du doyen de la faculté dans ces tristes circonstances? M. Delvincourt avait-il le droit de suspendre un cours public de son autorité privée? Avait-il le droit de venir faire la police dans l'intérieur d'une classe, lorsque le professeur était dans sa chaire? N'était-ce pas même contre toutes les convenances, contre toutes les bienséances? S'il voulait user efficacement de son autorité pour rétablir l'ordre, personne ne le pouvait mieux que lui. Doué d'un caractère qu'il a toujours su faire respecter de ses élèves, il fallait qu'il présentât à l'assemblée ce front calme qu'on n'oppose jamais en vain à des factieux; il fallait qu'il n'approuvât pas les mutins, et qu'il ne se mît pas du côté du petit nombre; il fallait qu'il siégeât à côté du professeur, et qu'il appelât le premier l'attention générale sur ce qu'il allait dire. Par ce moyen, il n'eût pas eu besoin d'avoir recours à la commission de l'instruction publique, et l'ascendant qu'aurait donné à son caractère une telle conduite, l'eût mis à même d'empêcher jusqu'aux applaudissemens, qui ne devraient pas plus se faire entendre dans un cours public que les sifflets.

Nous aimons à croire que cette idée ne lui vint pas, et qu'il ne se détermina à ce coup d'autorité que parce qu'on lui dit, ou qu'il crut en effet que tout était perdu. Mais combien d'abus n'a-t-il pas entraîné, ce coup d'autorité ? et de combien de désordres n'a-t-il pas été cause?

Le moindre reproche qu'on puisse faire à la commission de l'instruction publique, est d'avoir jugé les choses trop précipitamment. Ses arrêtés ont tout gâté. Le premier mit naturellement les élèves en état de révolte contre elle. Il est toujours impolitique d'abattre un parti pour en faire triompher un autre, surtout quand le parti qu'on soutient mérite le moins d'être soutenu. Il eût été beaucoup plus sage à la commission, sans s'interposer dans une querelle dont la cabale et l'amour-propre se mêlaient si évidemment, d'enjoindre au professeur de commencer l'explication pure et simple du Code d'instruction criminelle. Mais les coups d'autorité plaisent, et malheureusement les hommes s'y laissent toujours trop facilement entraîner.

Son second arrêté nous paraît encore plus hors

de saison, quoiqu'il fût une suite naturelle du premier. On ne voulut pas avoir l'air de reculer devant des élèves, et l'on fut injuste envers eux. Près de quinze cents sont étrangers au cours de M. Bavoux. Pourquoi les punir des troubles qui ne se sont point passés parmi eux? Pourquoi fermer des classes où les leçons se sont toujours faites tranquillement, parce qu'une autre classe a été rebelle à l'autorité? Pourquoi interdire à des élèves la continuation de leurs études accoutumées, parce que la tranquillité de l'école se trouve momentanément troublée? Il nous semble voir un pédant de collége qui punit toute sa classe, parce que quelques mutins refusent de lui obéir. Mais cette conduite de la commission serait plus blâmable encore si, comme plusieurs personnes le pensent, elle n'avait pas le droit de suspendre un professeur à vie, nommé dans un concours à la chaire d'une faculté.

Nous avons été témoins de la scène du 1er. juillet, et nous osons assurer que le plus grand désordre a été causé par la présence des agens de la police et de la force armée. Que faisaient les premiers sur la place du Panthéon, dès onze heures du matin? Pourquoi vit-on des mouchards animer les élèves par des éloges ou des discours tout aussi dangereux? Un journal a dit que ces agens avaient été mis à la disposition du doyen pour rétablir l'ordre, s'il était troublé. Il eût eté beaucoup plus simple de prévenir le tumulte lorsqu'on le pouvait si facilement et avec si peu de sacrifices. Mais la présence de la force armée fit encore plus de mal, car on chassa les premiers, et l'on ne put offrir à ceux-ci qu'une résistance aussi vaine que les armes étaient inégales.

La force armée porte avec elle un caractère de violence et de tyrannie qui n'est jamais propre à calmer les passions. Depuis long-temps on se plaint que dans les villes les gendarmes et les garnisons sont des satellites tout prêts pour le despotisme. Des soldats, disposés à se porter à tous les excès, et accoutumés à une obéissance aussi prompte qu'aveugle, veulent remettre l'ordre comme on le met dans un camp, et leur intempestive sévérité augmente toujours le tumulte au lieu de l'apaiser. Ainsi, on ne s'occupait point, ou peu, de ce qui se passait à l'École de droit; mais quand on vit la gendarmerie arriver de toute part, cerner l'École de droit, fermer les rues environnantes, et disposer des vedettes jusque dans la Cité, l'alarme devint générale, et tout le quartier fut en rumeur.

Nous ne traitons point ici la question de savoir si le droit de pétition est un droit restreint à chaque citoyen en particulier, ou si un corps peut ou non faire en masse ce que chacun des membres de ce corps peut faire seul. Mais nous dirons hardiment que les élèves ne demandant qu'à signer une pétition, il était ridicule d'employer la violence pour les en empêcher. La pétition une fois signée, tout le monde se serait retiré content : et à quatre heures, toute cette multitude agitée aurait dîné tranquillement, et la chambre des députés aurait décidé de leur réclamation, ou bien aurait renvoyé la pétition à la commission de l'instruction publique. Mais l'autorité se mêla maladroitement de cette querelle, et ne fit que des fautes.

Pouvait-on croire que des jeunes gens se verraient patiemment environner de troupes menaçantes, la baïonnette croisée et le sabre levé? Pouvait-on croire qu'ils verraient leurs condisciples enlevés de vive force, ou poursuivis au galop par des gendarmes, sans s'exposer de tout leur pouvoir à ces violences?

Puisqu'on voulait absolument interposer l'autorité dans des troubles qui auraient fini et plus vite et moins tumultueusement sans elle, il fallait qu'on se servît de la garde nationale. Cette garde n'a point les inconvéniens des troupes organisées, naturellement indifférentes à tout dans une ville qui n'est pas la leur, où souvent elles ne font que passer. La garde nationale sait être sévère quand il le faut, mais est toujours juste dans sa sévérité : elle sait respecter la liberté des citoyens, parce qu'elle est elle-même composée de citoyens, et que c'est sa propre liberté qu'elle respecte. Sans doute elle ne se serait point portée à des excès qui, quoi qu'on en dise, sont causes de tout ce qui se fit de blâmable à l'École de droit le 1er. juillet. Plusieurs individus n'auraient point été renversés et foulés aux pieds ; un étudiant n'aurait point eu son habit percé par un gendarme, et l'on n'aurait point fait croire qu'on cherchait des prétextes pour donner un air d'importance et d'hostilités à un rassemblement qui n'était en soi rien moins qu'hostile.

Que les journaux calomnient les élèves, qu'on les accuse de sédition, nous protestons hautement contre ces inculpations. Le concours unanime avec lequel on s'est rallié autour du drapeau blanc, lorsqu'un malentendu a donné lieu à une alarme, sera toujours une réponse victorieuse contre quiconque osera donner aux réclamations des élèves des couleurs séditieuses.

Six élèves sont encore aujourd'hui, 8 juillet, détenus à à la Force.

Samedi soir, les étudians, réunis au boulevard du Mont-Parnasse, nommèrent une commission qu'ils chargèrent de s'occuper de leur sort et d'en instruire leurs camarades par la voie des journaux. Le but de cette nomination était aussi d'éviter des rassemblemens, que le public mal instruit aurait pu blâmer.

Une souscription est ouverte en faveur des détenus pour faire leur cautionnement et obtenir leur liberté provisoire.

Le dernier arrêté de la commission d'instruction publique a déjà déterminé plusieurs étudians préparés à soutenir leurs examens cette année, à se rendre dans d'autres Facultés.

Ne vaudrait-il pas mieux avouer des torts réciproques? il n'y a point de honte à avouer qu'on s'est trompé, mais il y en a toujours à transiger avec la justice et la bonne foi.

Sur un réquisitoire de M. Bellart, le tribunal de première instance l'ayant rejeté, la cour royale a mis M. Bavoux en état d'accusation, et a nommé des commissaires pour aller appliquer les scellés sur ses papiers.

IMPRIMERIE DE FAIN, PLACE DE L'ODEON.

www.ingramcontent.com/pod-product-compliance
Lightning Source LLC
LaVergne TN
LVHW020308230826
846091LV00006B/2582

* 9 7 8 2 0 1 3 7 0 1 4 2 6 *